Vertrautes und Neues

Vogel Tirila geht auf Reisen

Der klei-ne Vo-gel Ti-ri-la fliegt heu-te noch nach Af-ri-ka. Er

T/M: Christa Schäfer © 1998 Schott Music GmbH & Co. KG, Mainz

sich kennen lernen

singt und pfeift und ist ver-gnügt und nimmt sich noch die Kat-rin mit.
(... ... ...)

Ich bin ein dicker Tanzbär

Ich bin ein dicker Tanz - bär und kom - me aus dem Wald. Ich such mir ei - ne Freun - din und fin - de sie gar bald.

T/M: überliefert

auf Schlaginstrumenten spielen

O wie ist das Tanzen fein von einem auf das andre Bein,
o wie ist das Tanzen fein von einem auf das andre Bein.

Wie heißt du?

Namen singen   so mi (s m)

Klimperkasten

Auf den schwarzen Tasten, auf dem Klimperkasten …

T: Christa Schäfer © 1998 Schott Music GmbH & Co. KG, Mainz

21	22	23	24
25	26	27	28
29	30	31	32
33	34	35	36
*	*	*	*

2. Jahr

1	2	3	4
5	6	7	8
9	10	11	12
13	14	15	16
17	18	19	20

21	22	23	24
25	26	27	28
29	30	31	32
33	34	35	36
*	*	*	*

1. Jahr

1	2	3	4
5	6	7	8
9	10	11	12
13	14	15	16
17	18	19	20

Das bin ich.

Meine Lehrerin/Mein Lehrer

Klangstraße
Anwesenheitsheft

Ich heiße

mit dem Tasteninstrument vertraut werden

… tappt der braune Bububär mal hin und her, mal kreuz und quer.
Bububär, komm her!

Freunde

Hoch am Him - mel, tief auf Er - den, ü - ber - all ist Son - nen - schein.

T: überliefert/M: Irmhild Ritter © 1998 Schott Music GmbH & Co. KG, Mainz

hoch – tief

Die zwei Wurzeln

Zwei Tannenwurzeln groß und alt
unterhalten sich im Wald.
Was oben in den Wipfeln rauscht,
das wird hier unten ausgetauscht.
Ein altes Eichhorn sitzt dabei
und strickt wohl Strümpfe für die Zwei.
Die eine sagt: Knig. Die andere sagt: Knag.
Das ist genug für einen Tag.

Christian Morgenstern

Wenn ich nicht der Mar-tin wä-re, möcht ich gern ein Häs-chen sein.
(...   ...   ...)   (...   ...   ...)

Bärenrapzap

Tapp, tapp, tapp, tapp, Bä - ren tan - zen Rap - zap,

T/M: Christa Schäfer © 1998 Schott Music GmbH & Co. KG, Mainz

ta ta
| |

tapp, tapp, tapp, tapp, dre - hen sich im Kreis.

Ha, ha, ha – wer kommt denn da?

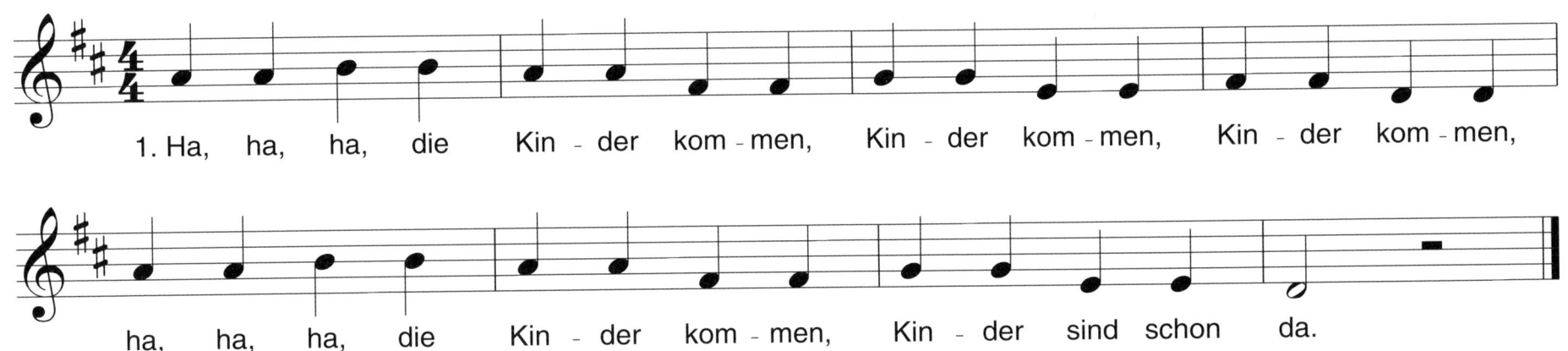

1. Ha, ha, ha, die Kinder kommen, Kinder kommen, Kinder kommen, ha, ha, ha, die Kinder kommen, Kinder sind schon da.

T/M: überliefert

gehen – laufen – hüpfen

2. Brumm, brumm, brumm,
   die Bären kommen …

3. Piep, piep, piep,
   die Vögel kommen …

Und wer kommt noch?
Vielleicht Hexen, Riesen, Zwerge …?

Fingerspiele

Dau - men, Dau - men, wo bist du? Tan - zen möcht ich im - mer zu,
tan - zen bis ich mü - de bin, leg mich dann zum Schla - fen hin.

T/M: Christa Schäfer © 1998 Schott Music GmbH & Co. KG, Mainz

die Finger kennen lernen

Wer fängt den Has?

Fünf Männer sind in den Wald gegangen,
die wollten einen Hasen fangen.
Der Erste war so dick wie ein Fass,
er brummte immer:
»Wo ist der Has, wo ist der Has?«
Der Zweite, der zeigte, schrie laut und ganz klar:
»Da sitzt er ja, da sitzt er ja!«
Dem Dritten, dem Längsten,
dem war es am bängsten.
Er fing an zu weinen:
»Ich sehe keinen, ich sehe keinen!«
Der Vierte sprach: »Das ist mir zu dumm!
Ich kehr wieder um!«
Der Fünfte, der Kleinste – wer hätt' das gedacht? -
hat flink den Hasen nach Hause gebracht.
Wie haben da alle ganz laut gelacht:
»Ha - ha - ha - ha!«

Christa Schäfer (nach traditioneller Vorlage)

Alle Finger tanzen

Meine Hand

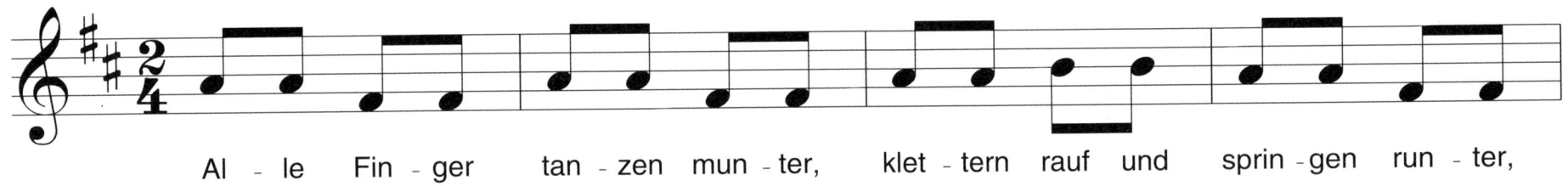

Al - le Fin - ger tan - zen mun - ter, klet - tern rauf und sprin - gen run - ter,

T/M: Christa Schäfer © 1998 Schott Music GmbH & Co. KG, Mainz

mit den Fingern spielen **Hände malen** ✏️

Deine Hand

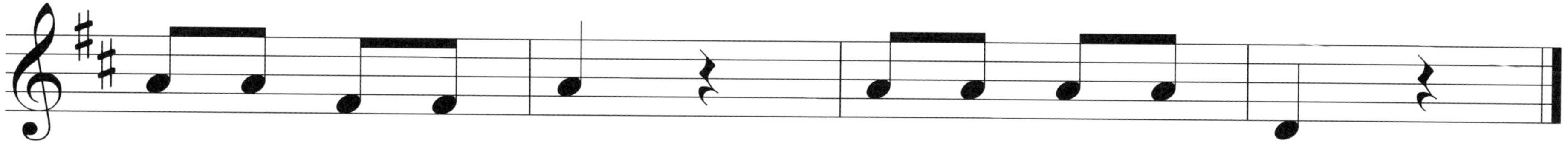

su - chen ein Ver - steck, sind auf ein - mal weg.

21

so mi

hören – spielen – lesen

23

Bububär

Brumm, brumm, brumm,
Bubu dreht sich um.
Streichelt mit den Tatzen,
mag auch gar nicht kratzen …

... läuft schnell über Stolpersteine,
klettert gern auf hohe Bäume.
Brumm, brumm, brumm,
Bubu dreht sich um.

T: Christa Schäfer © 1998 Schott Music GmbH & Co. KG, Mainz

Guten Tag

Heut woll'n wir wieder sin – gen, sin – gen, sin – gen, wir
(spie – len)
(klat – schen)
wol – len heu – te sin – gen: »Gu – ten Tag.«

T/M: Irmhild Ritter u. Christa Schäfer © 1998 Schott Music GmbH & Co. KG, Mainz

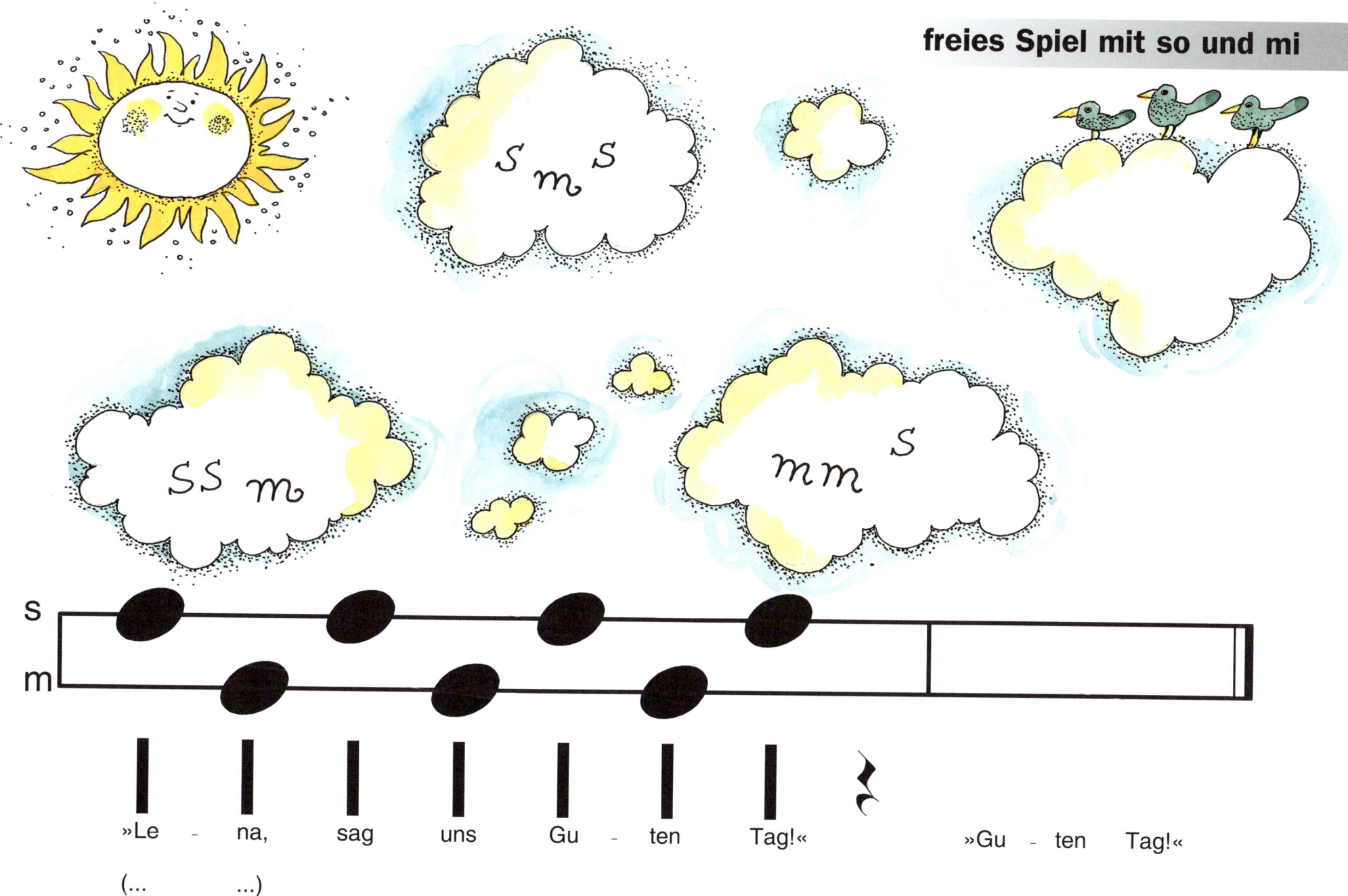

Zauberkugeln

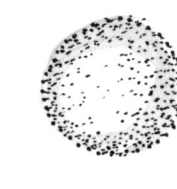

Das Fest

Zum großen Seifenblasenfeste
erwartet Bubu viele Gäste.
Eines Strohhalms Zauberkraft
macht zarte Kugeln – zauberhaft.
Schillernd kommen sie geflogen,
Farben wie ein Regenbogen:

Seifenblasen malen

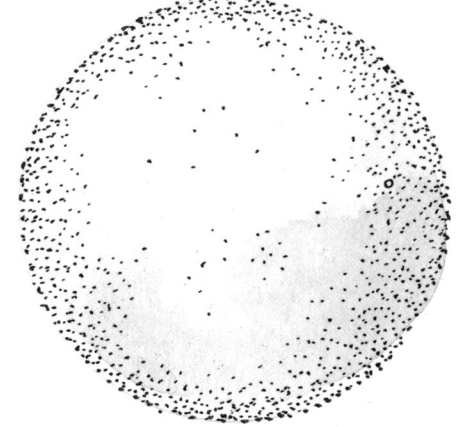
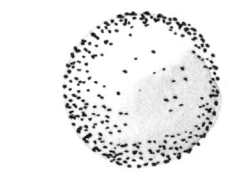

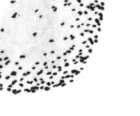

Seifenblasen, kleine, große,
schweben sachte ohne Ton.
Zauberkugeln glänzen, blinken,
wenn sie dann herniedersinken.
Bären patschen mit den Tatzen,
blubs – die Seifenblasen platzen.

T: Irmhild Ritter u. Christa Schäfer © 1998 Schott Music GmbH & Co. KG, Mainz

Bleib ein Weilchen untersteh'n

Bleib ein Weil-chen un-ter-steh'n, der Re-gen wird vo-rü-ber-geh'n.

T: Wilhelm Bender, aus: »Unsre Katz heißt Mohrle« © 1956 Schott Music GmbH & Co. KG, Mainz / M: überliefert

Regenmusik erfinden

Son - ne will schon blin - ken, Blüm - chen muss noch trin - ken.

D. C. al Fine

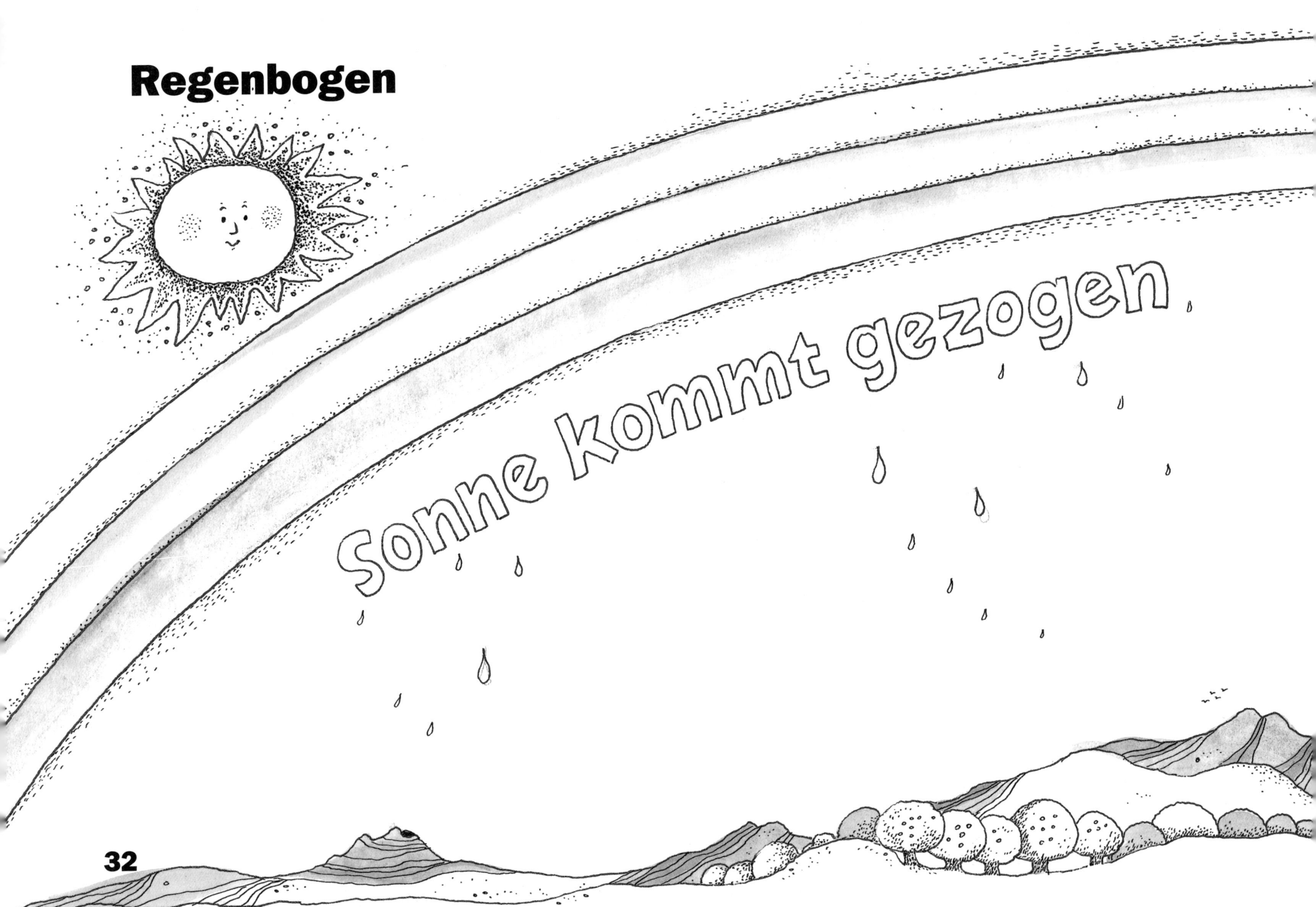

Kreise und Tropfen malen

malt den Regenbogen.

Regentropfenlied

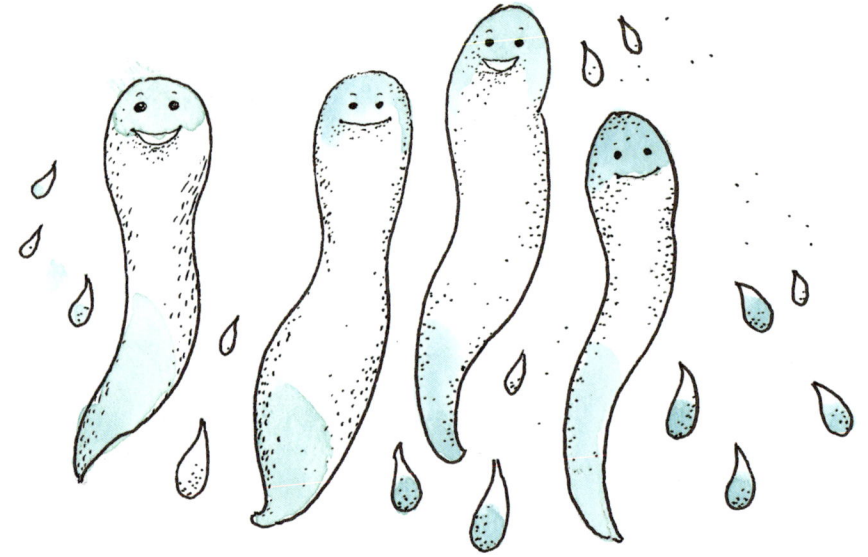

Hundertzwei Gespensterchen

Hundertzwei Gespensterchen
saßen irgendwo
hinter meinem Fensterchen.
Da erschrak ich so.

Hundertzwei Gespensterchen
waren sehr vertrackt:
Hinter meinem Fensterchen
klopften sie im Takt.

Hundertzwei Gespensterchen
haben mich erschreckt.
Weit entfernt vom Fensterchen
hab ich mich versteckt.

Hundertzwei Gespensterchen
waren plötzlich fort.
Schlich mich schnell zum Fensterchen.
Fand sie nicht mehr dort.

Hundertzwei Gespensterchen,
denkt euch, wie famos,
waren an dem Fensterchen
Regentropfen bloß!

James Krüss
© Fidula-Verlag

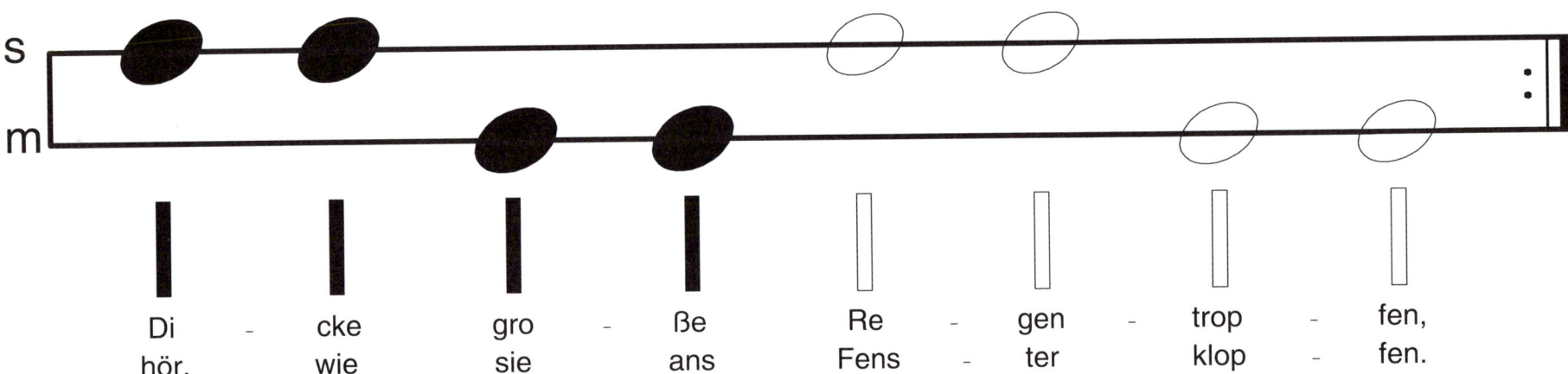

T/M: Irmhild Ritter u. Christa Schäfer © 1998 Schott Music GmbH & Co. KG, Mainz

Vogelstimmen

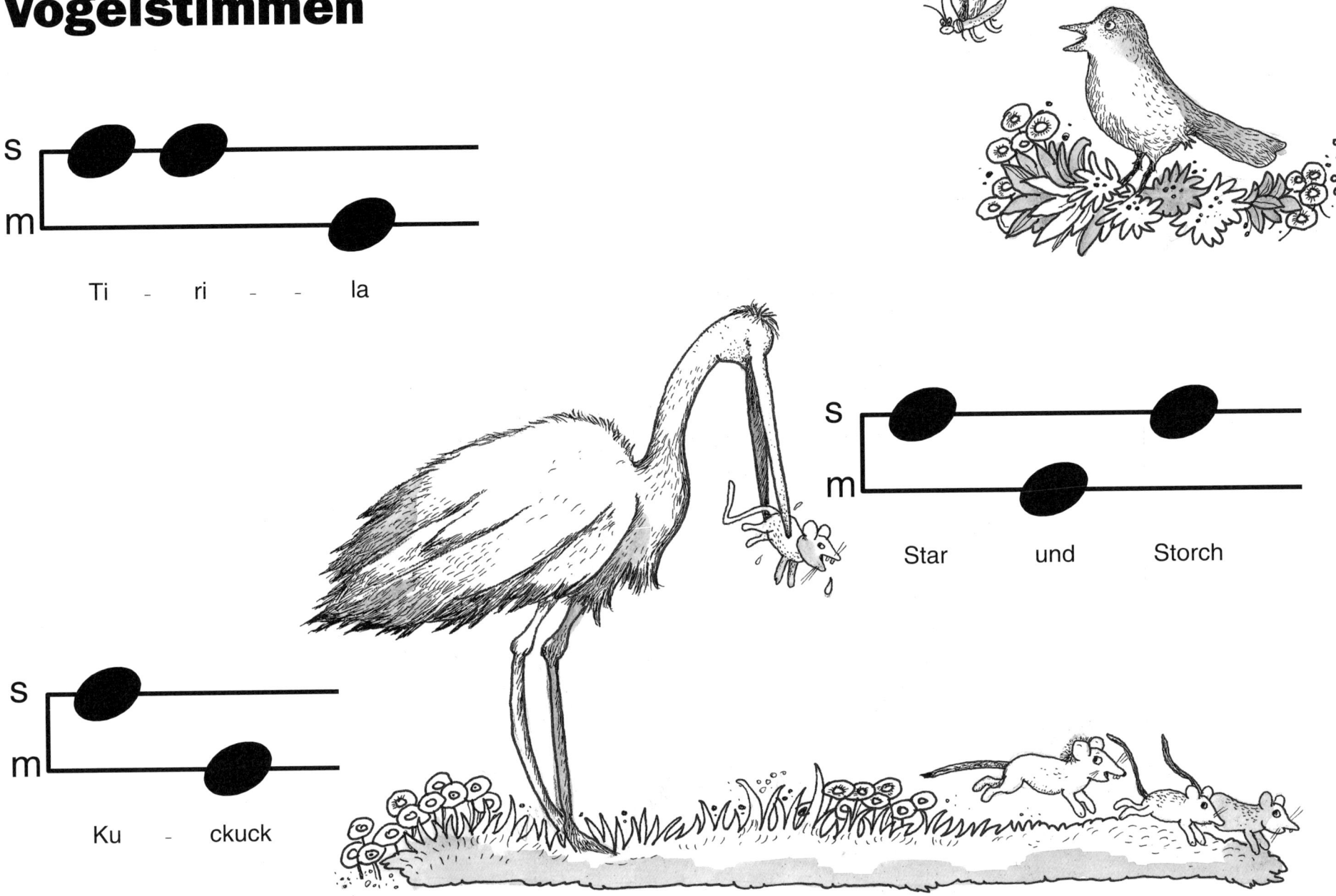

s — ● ●
m — — — ●
Ti – ri – – la

s — ● — — ●
m — — ● — —
Star und Storch

s — ● —
m — — ●
Ku – ckuck

hören – spielen – lesen – malen

Hört den Vo - gel schrei'n. Wel - cher Vo - gel kann das sein?

T/M: überliefert

Frühlingskonzert

Ku - ckuck, Ti - ri - la, Star und Storch!

Dieser Kuckuck, der mich neckt

1. Die-ser Ku-ckuck, der mich neckt, ku-ckuck tief im Wald-ge-sträuch ver-steckt: ku-ckuck rechts und links und ü-ber-all ku-ckuck hört man sei-nen fer-nen Schall, ku-ckuck rechts und

T: Friedrich Rückert / M: Ernst Schmid

2. Wenn ich komme, geht er fort;
bin ich hier, so ist er dort.
Ei so sei er, wo er sei,
lieblich ist von fern sein Schrei:
Kuckuck.

Klatschen, patschen

Seht mich an

Seht mich an, was ich kann. Ich
klat - sche in die Hän - de:
pat - sche auf die Bei - ne:
schnal - ze mit der Zun - ge:
stamp - fe mit den Fü - ßen:
ti ti ta ti ti ta
ta ta ta hm.

T/M: Christa Schäfer © 1998 Schott Music GmbH & Co. KG, Mainz

 ti ti ta

Kopf und Schulter

Kopf und Schul-ter, Knie und Zeh'n, Knie und Zeh'n,

Kopf und Schul-ter, Knie und Zeh'n, Knie und Zeh'n,

Au - gen, Oh - ren, Mund und Nas,

Kopf und Schul-ter, Knie und Zeh'n, Knie und Zeh'n.

T/M: überliefert

Die Kuckucksuhr

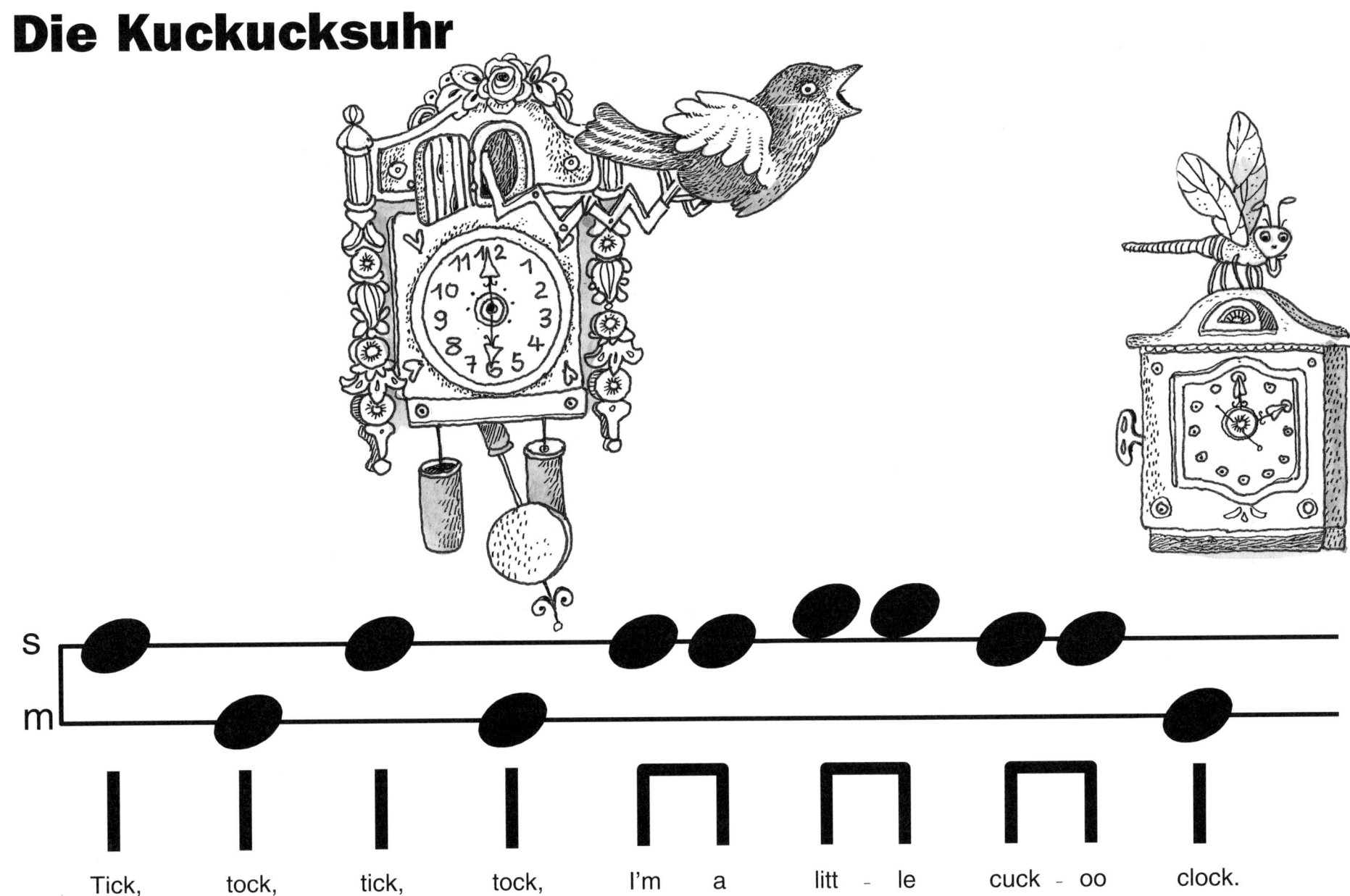

Tick, tock, tick, tock, I'm a litt-le cuck-oo clock.

T/M: aus England überliefert

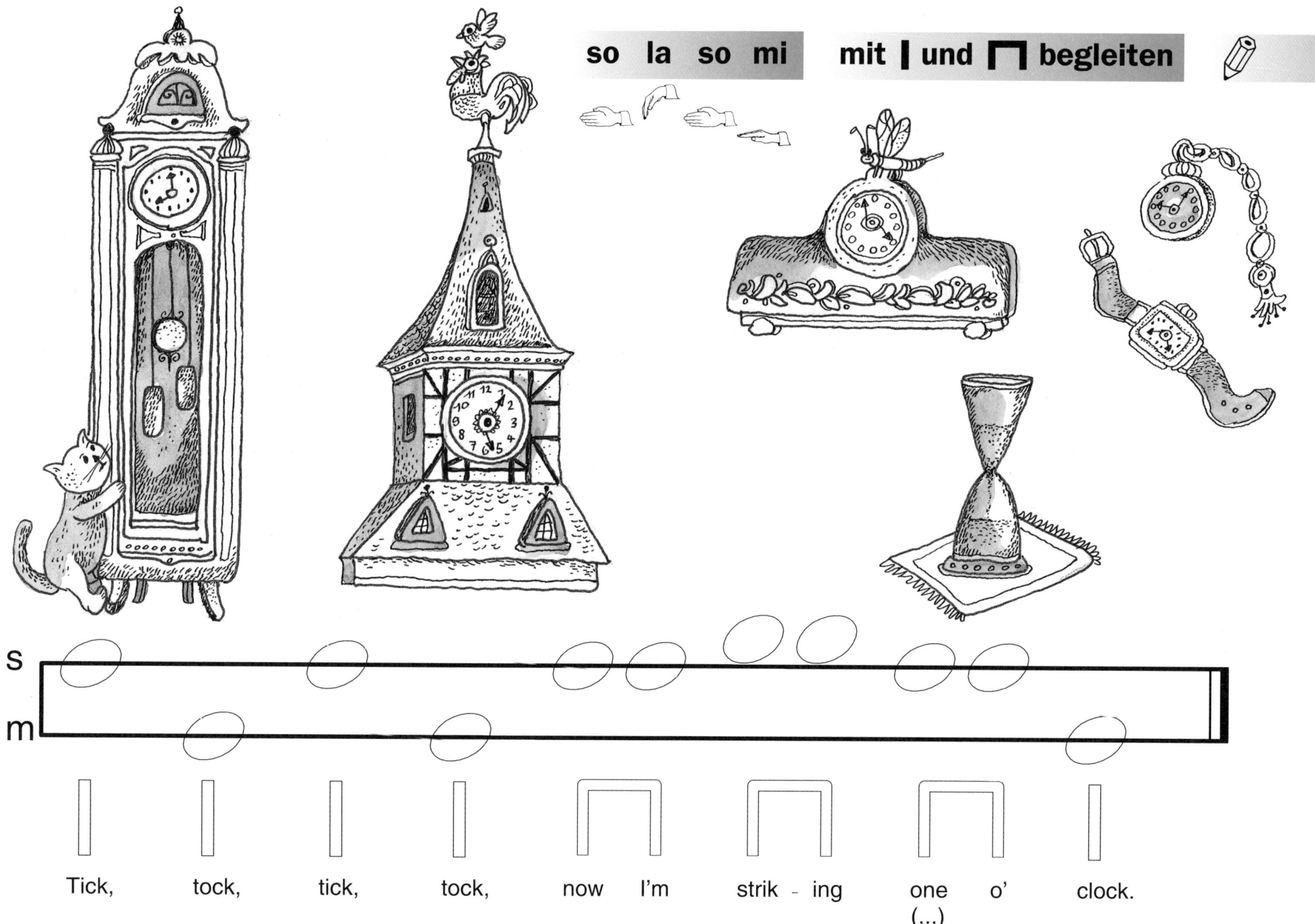

Sonne, Sonne, scheine

T/M: überliefert

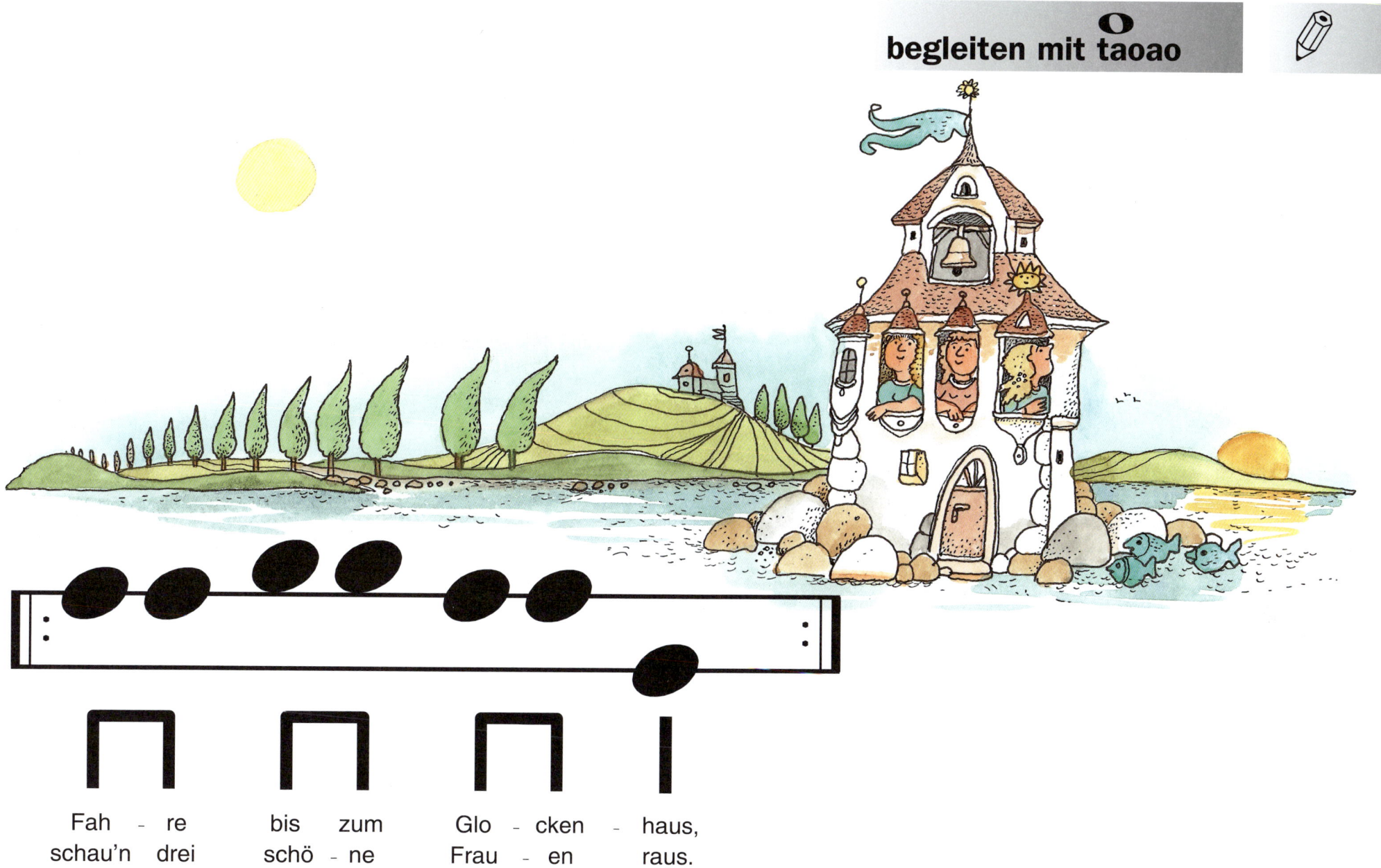

Fah - re   bis zum   Glo - cken - haus,
schau'n drei   schö - ne   Frau - en   raus.

sprechen: Die Erste, die spinnt Seide, die Zweite näht ein Kleide, die Dritte schaut ins Weite.

Kleine freche Spinne

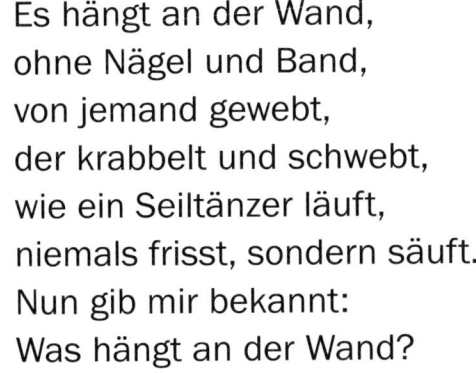

Es hängt an der Wand,
ohne Nägel und Band,
von jemand gewebt,
der krabbelt und schwebt,
wie ein Seiltänzer läuft,
niemals frisst, sondern säuft.
Nun gib mir bekannt:
Was hängt an der Wand?

überliefert

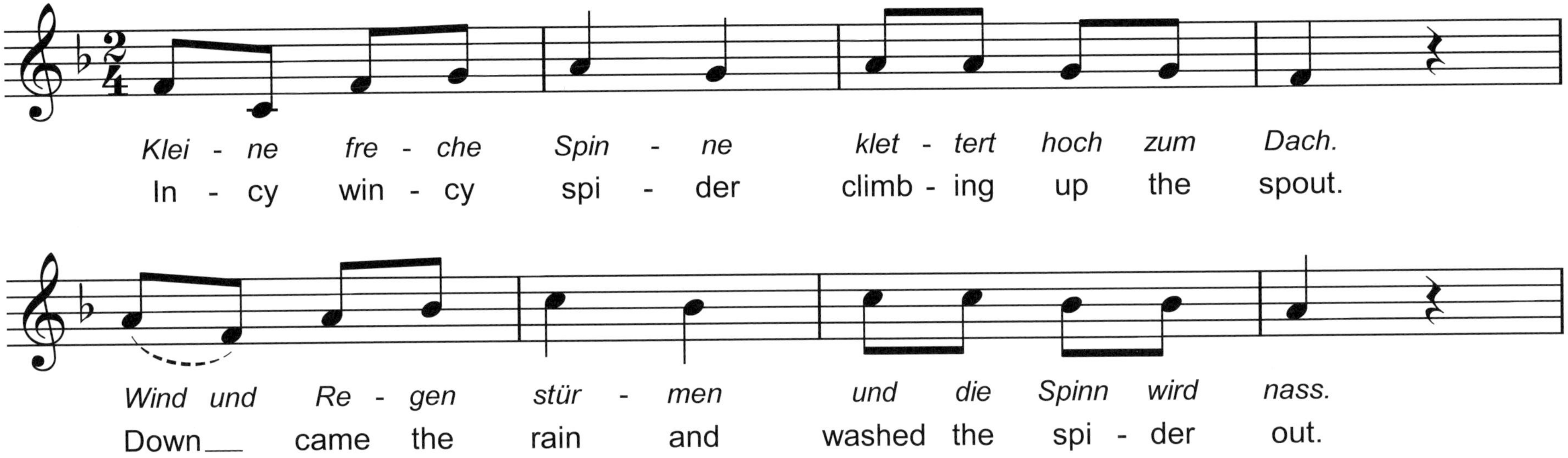

T/M: aus England überliefert; dt. Text: Christa Schäfer © 2016 Schott Music GmbH & Co. KG, Mainz

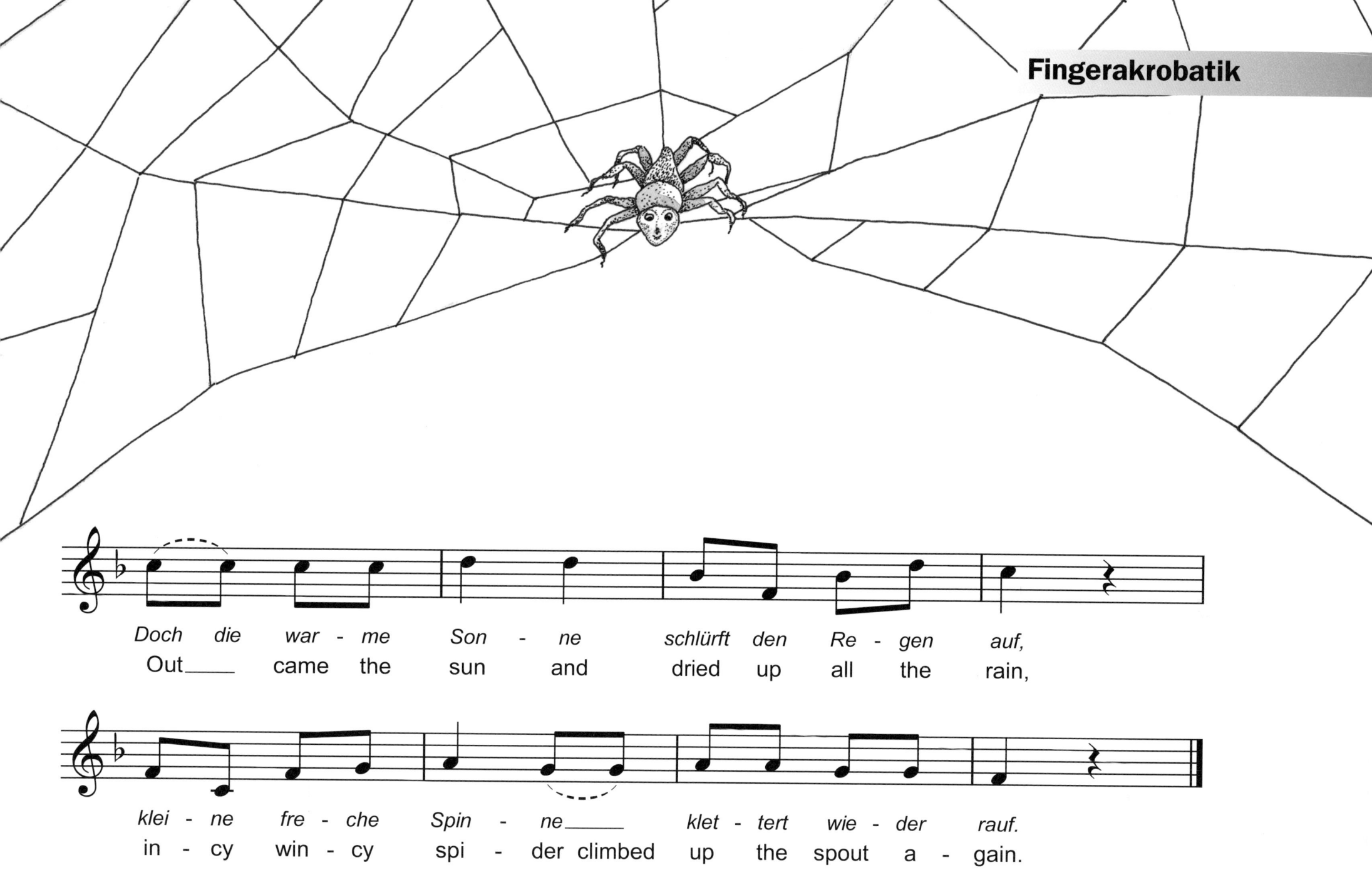

Fingerakrobatik

49

Kleine Spinne webt

Wenn sie ei - nen Fa - den webt, dann
Wenn sie ih - ren Fa - den spinnt, dann dann

T/M: Christa Schäfer © 1998 Schott Music GmbH & Co. KG, Mainz

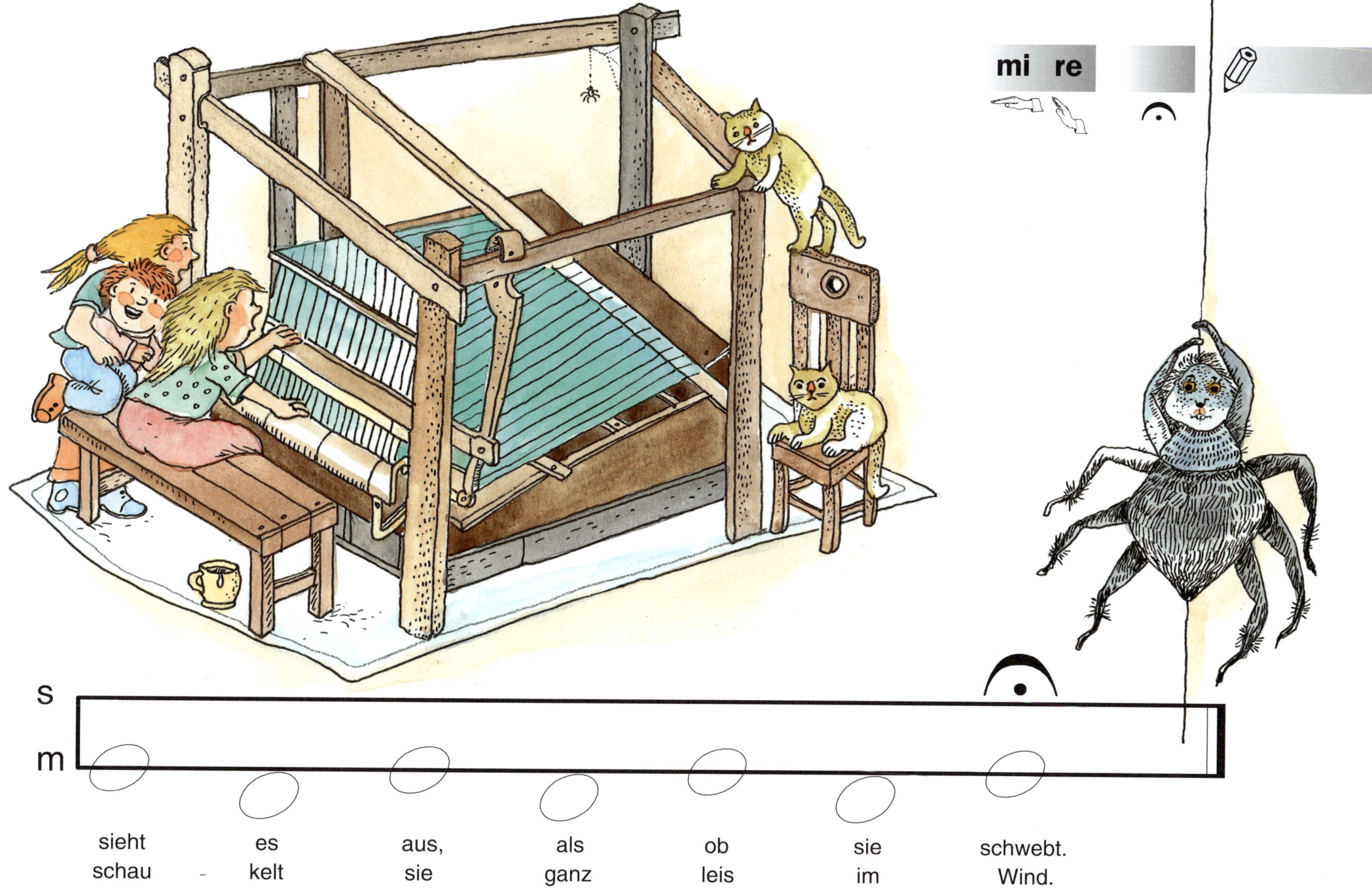

sieht es aus, als ob sie schwebt.
schau - kelt sie, ganz leis im Wind.

51

Bajuschki baju

Schlaf, mein Kindlein, schlaf ein Schläfchen, bajuschki baju.
Silbermond und Wolkenschäfchen seh'n von oben zu.

aus Russland; deutsche Fassung: Helmut Barbe © Verlag Merseburger, Kassel, www.merseburger.de

begleiten mit tao

Sternschnuppen

Glissando

Sonne, Mond und Sterne

Son - ne, Mond, Ko - met und Rie - se

T/M: Irmhild Ritter u. Christa Schäfer © 1998 Schott Music GmbH & Co. KG, Mainz

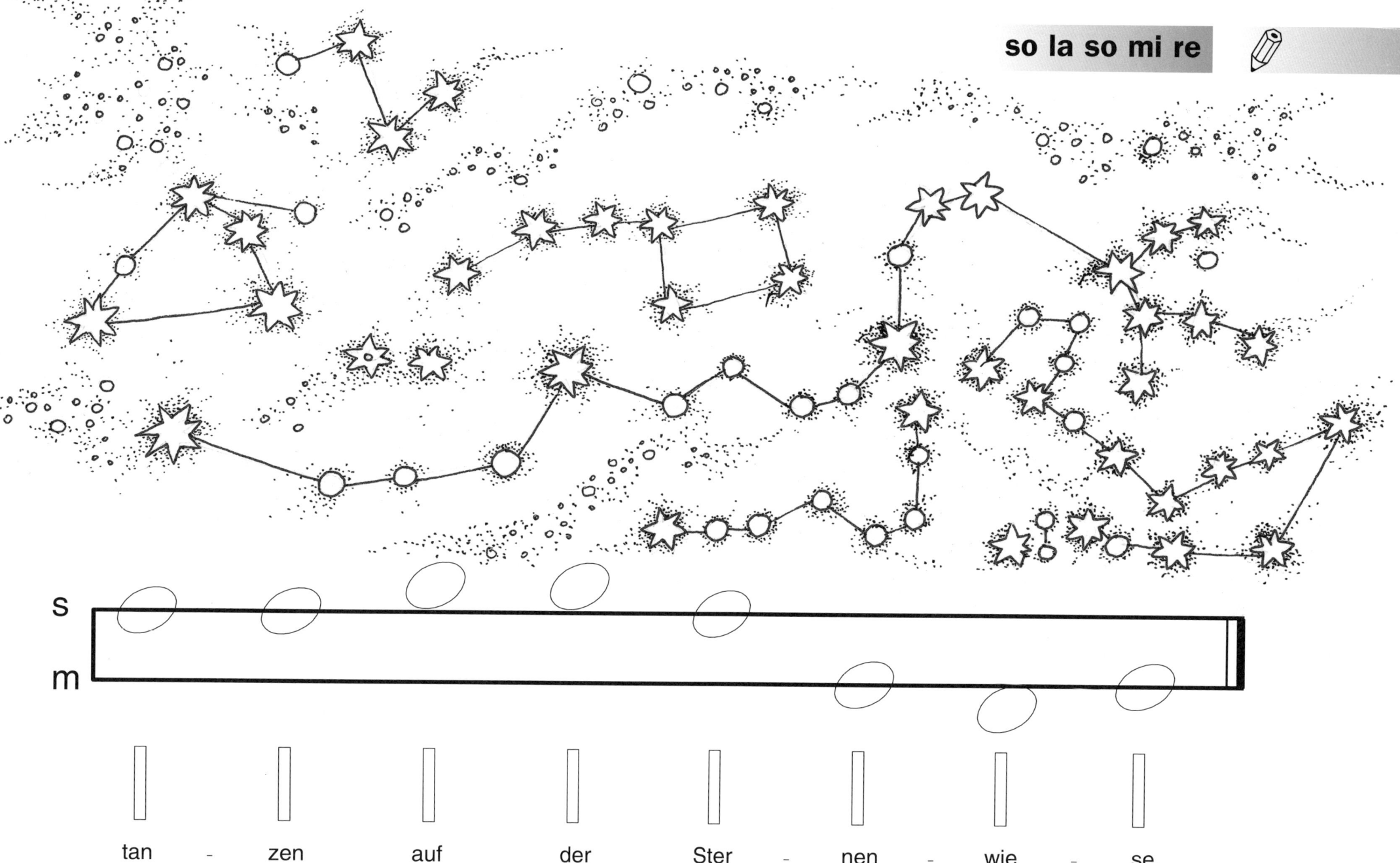

Ball der Frösche

Heut ist ein Fest bei den Frö-schen am See, Ball und Kon - zert und ein

T/M: überliefert

singen und begleiten

gro - ßes Di - ner. Quak, quak, quak, quak.

Froschkönig

Vorspiel:

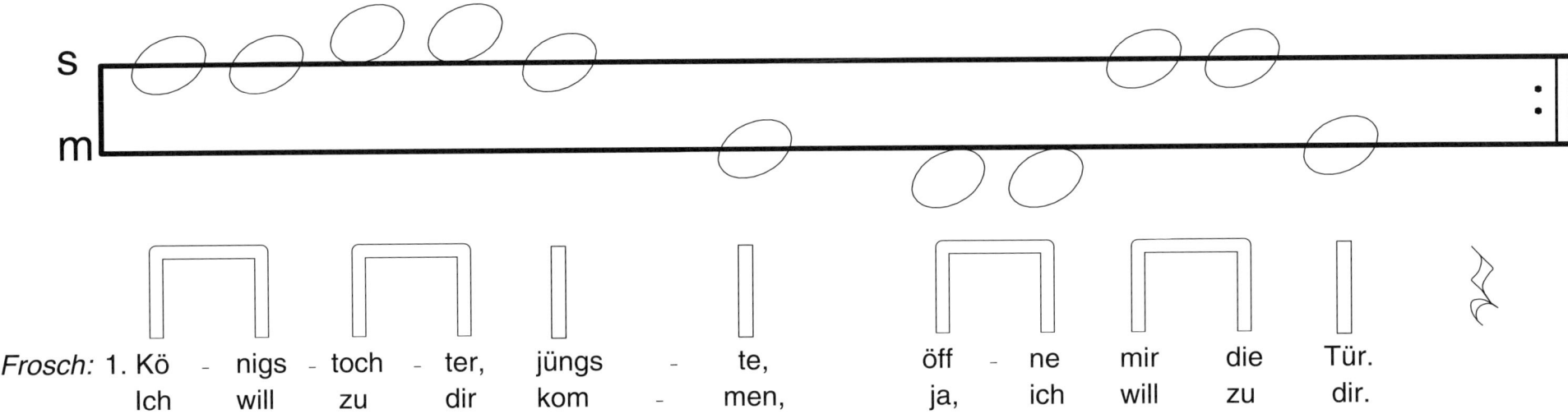

Frosch: 1. Kö - nigs - toch - ter, jüngs - te, öff - ne mir die Tür.
Ich will zu dir kom - men, ja, ich will zu dir.

T/M: Irmhild Ritter u. Christa Schäfer © 1998 Schott Music GmbH & Co. KG, Mainz

Ensemblespiel

Königstochter:
2. »Ach, du nasser Quakfrosch,
bleib nur draußen steh'n.
Hier in meinem Schlosse
mag ich dich nicht seh'n.
Geh weg! Geh weg!«

König:
3. »Königstochter, jüngste,
öffne ihm die Tür.
Halte dein Versprechen,
lass ihn ein zu dir!
Lass ein! Lass ein!«

alle:
4. Und die Königstochter
warf ihn an die Wand.
Groß war ihr Erstaunen,
als ein Prinz dort stand.

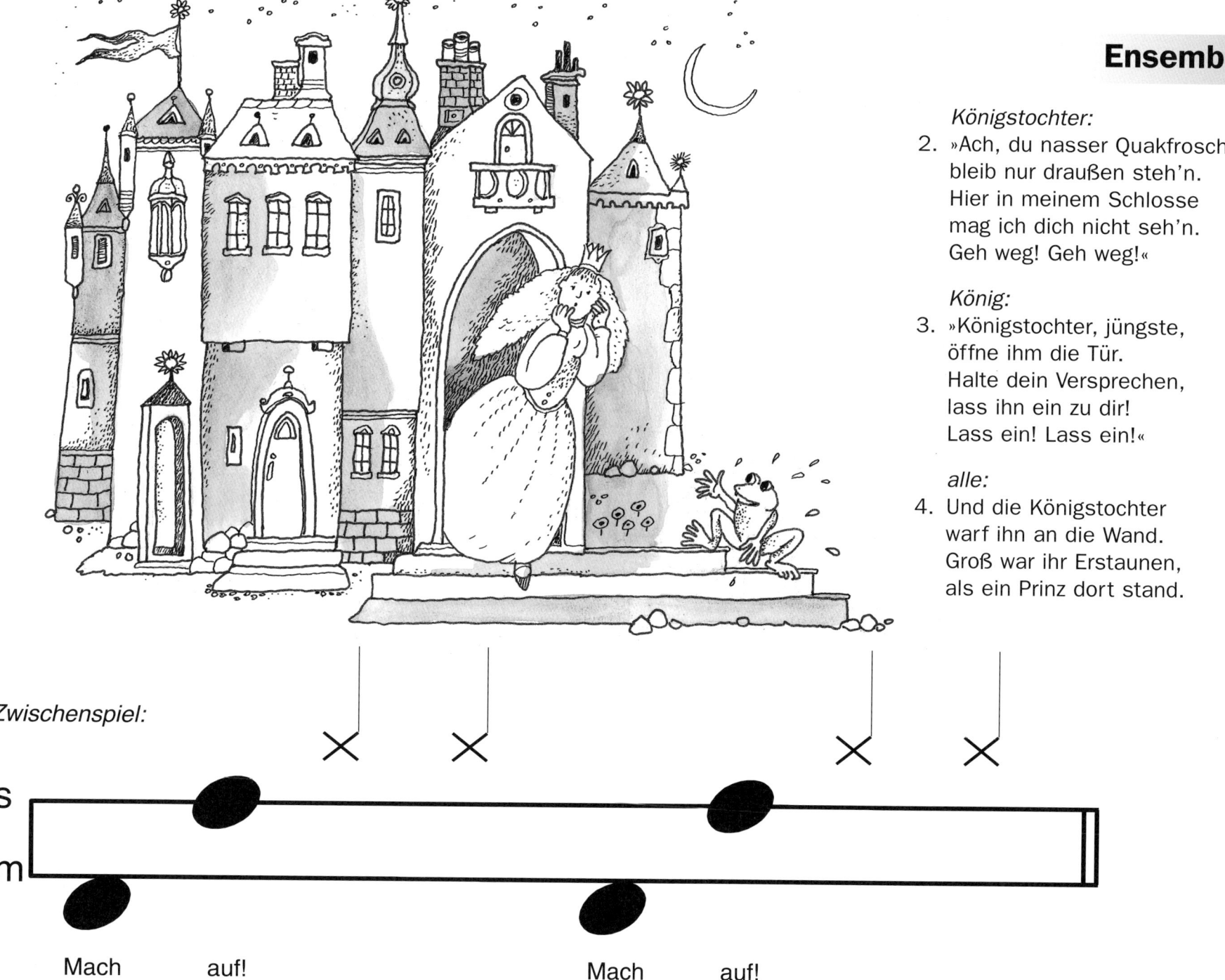

Zwischenspiel:

Mach auf! Mach auf!

61

Bären-Bigband

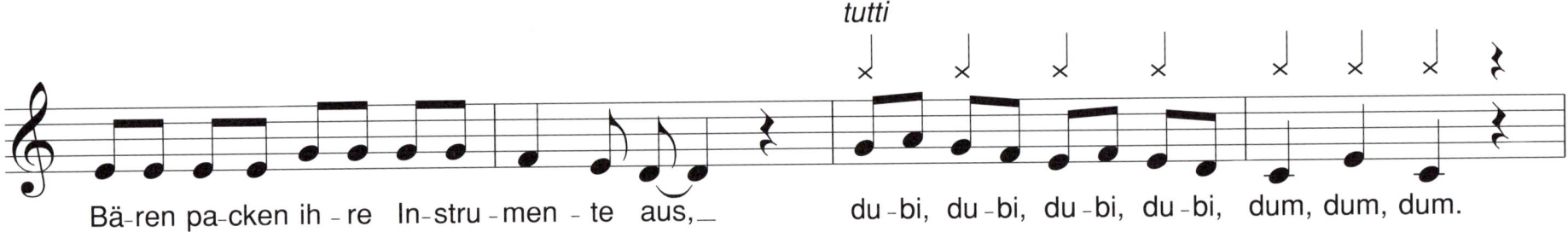

Die stadt-be-kann-te Bä-ren-Big-band tritt heut auf, du-bi, du-bi, du-bi, du-bi, dum, dum, dum. Die Bä-ren pa-cken ih-re In-stru-men-te aus, du-bi, du-bi, du-bi, du-bi, dum, dum, dum.

T/M: Irmhild Ritter und Christa Schäfer © 1998 Schott Music GmbH & Co. KG, Mainz

solo – tutti   forte – piano

2. (...) lässt die Triangel klingen, bim ...
3. (...) lässt das Xylophon klingen, plock ...
4. (...) lässt das Becken erklingen, tsching ...

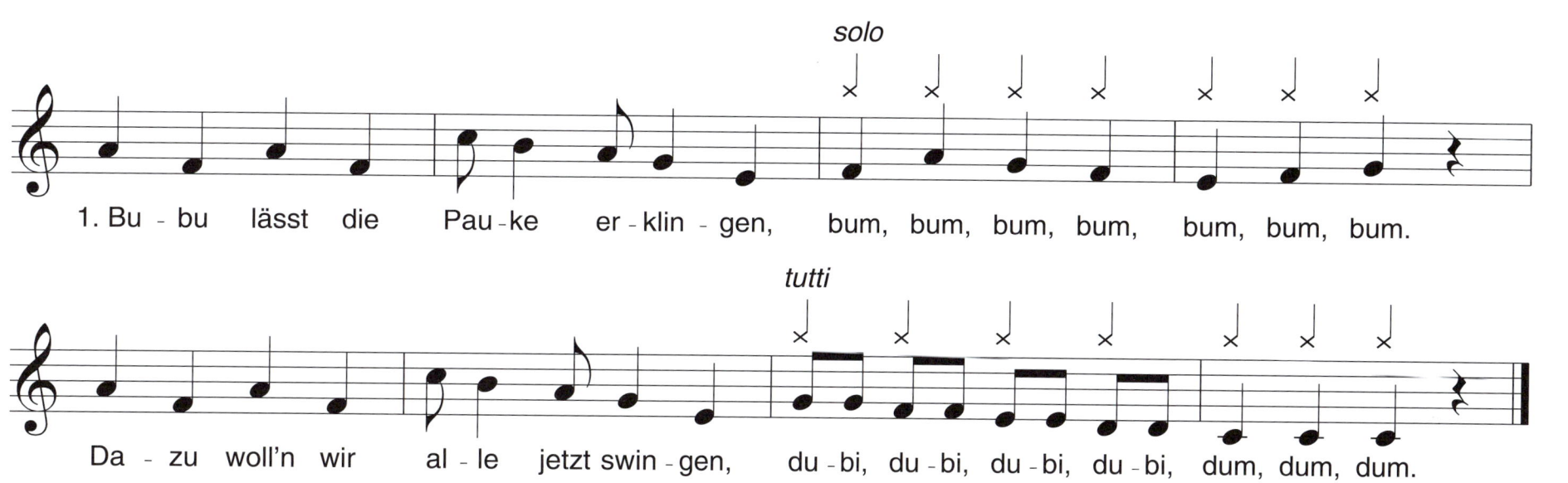

1. Bu - bu lässt die Pau - ke er - klin - gen, bum, bum, bum, bum, bum, bum, bum.

Da - zu woll'n wir al - le jetzt swin - gen, du - bi, du - bi, du - bi, du - bi, dum, dum, dum.

Tasteninstrument

Stabspiel

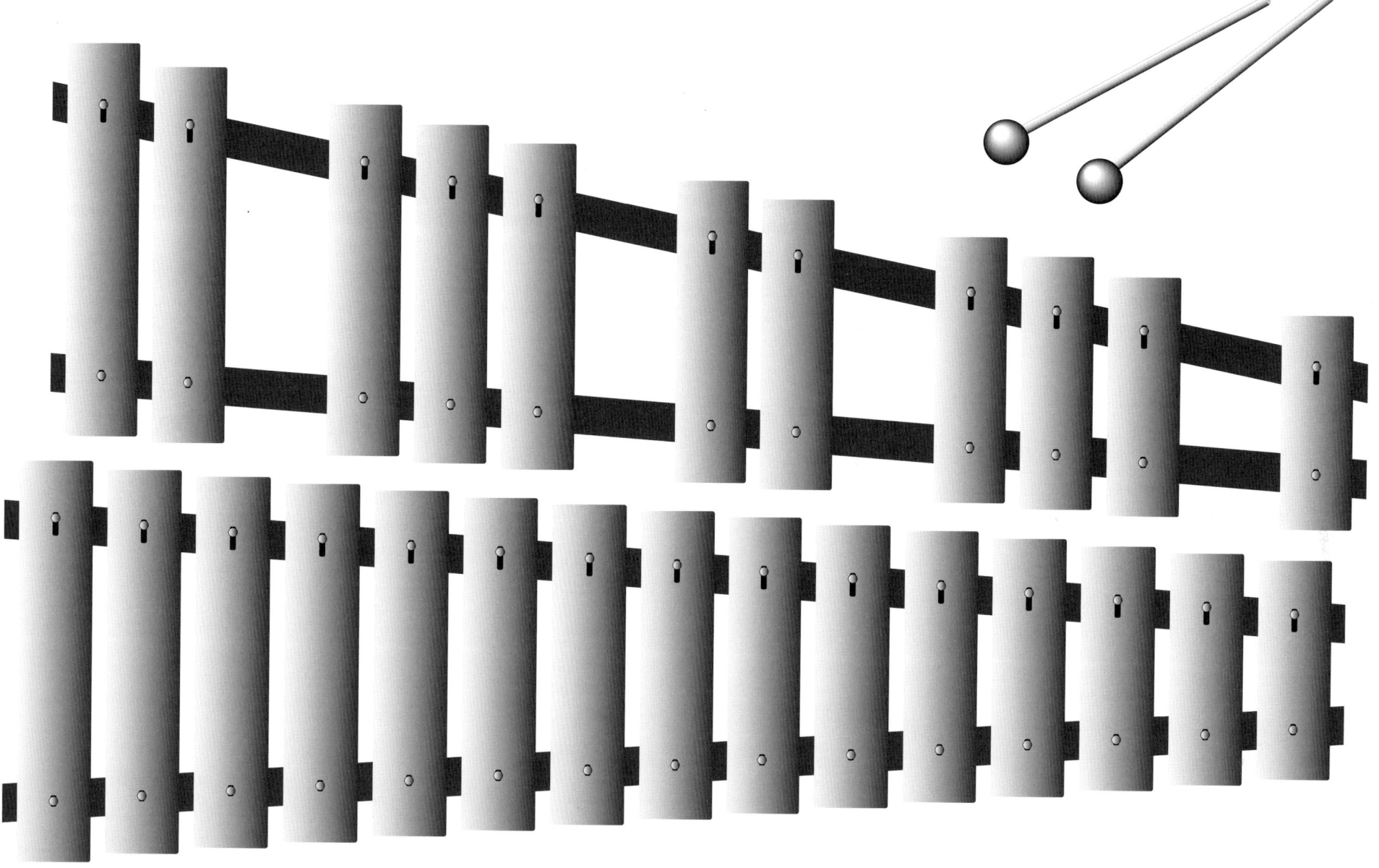

Inhalt

Liederrätsel 2
Vogel Tirila geht auf Reisen 4
Ich bin ein dicker Tanzbär 6
Wie heißt du? 8
Klimperkasten 10
Freunde 12
Bärenrapzap 14
Ha, ha, ha – wer kommt denn da? 16
Fingerspiele 18
Alle Finger tanzen 20
so mi 22
Bububär 24
Guten Tag 26
Zauberkugeln 28
Bleib ein Weilchen untersteh'n 30
Regenbogen 32
Regentropfenlied 34

Vogelstimmen 36
Frühlingskonzert 38
Dieser Kuckuck, der mich neckt 40
Klatschen, patschen 42
Die Kuckucksuhr 44
Sonne, Sonne, scheine 46
Kleine freche Spinne 48
Kleine Spinne webt 50
Bajuschki baju 52
Sternschnuppen 54
Sonne, Mond und Sterne 56
Ball der Frösche 58
Froschkönig 60
Bären-Bigband 62

Tasteninstrument 64
Stabspiel 65

Klangstraße 2

Klangstraße 1 · ED 8531-50
© 1998/2016 Schott Music GmbH & Co. KG, Mainz
Printed in Germany · BSS 57394

Fingerspiele

Informationen für die Eltern
zum Unterrichtswerk »Klangstrasse«

Liebe Eltern,

Sie haben Ihr Kind zur Musikalischen Früherziehung angemeldet und sehen der ersten Unterrichtsstunde mit Vorfreude und Spannung entgegen. Wir möchten Ihnen einige allgemeine Informationen über Inhalte, Ziele sowie den äußeren Ablauf geben und Sie mit dem Unterrichtswerk *Klangstraße* vertraut machen.

Warum Musikunterricht schon im Vorschulalter?

Um es vorweg zu nehmen: Bestimmt nicht, um jetzt schon ein Instrument spielen zu lernen. Musikalische Früherziehung ist ein Gruppenunterricht mit breit gefächerten musikalischen und musikbezogenen Inhalten. Vorschulkinder lernen vorwiegend im Spiel und in der Bewegung. Musikalische Früherziehung greift diese kindgemäßen Verhaltensweisen auf und integriert sie in die verschiedenen Themen. So entstehen fröhliche, lebendige Stunden, in denen das Kind zum einen die Beschäftigung mit Musik als Bereicherung seines Lebens erfährt und zum anderen damit anfängt, sich musikalisches »Handwerkszeug« anzueignen. Vor Beginn der Schulzeit sind Kinder besonders offen und aufnahmefähig für Musik.

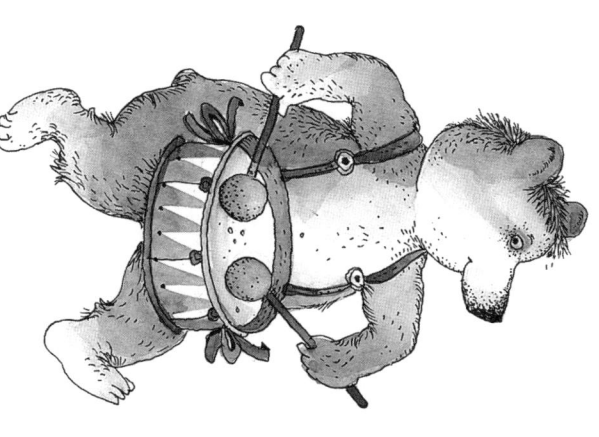

Was geschieht in der Früherziehungsstunde?

Die wichtigsten musikbezogenen Unterrichtsbereiche sind:

- Traditionelle und neue Lieder singen;
- Lieder z.B. mit Klatschen, Patschen, Stampfen und auf Instrumenten begleiten;
- Sich zu Musik bewegen und tanzen;
- Klänge und komponierte Musik hören;
- Elementare Kenntnisse der Musiklehre erwerben.

Welche allgemeinen Fähigkeiten unterstützt die musikalische Früherziehung?

Die folgenden Verhaltensweisen sind für alle Lebensbereiche (z.B. Familie, Freundschaft, Schule, Berufsleben) bedeutsam. Sie werden im Unterricht immer wieder erprobt:

- Mit allen Sinnen wahrnehmen;
- Sich konzentrieren;
- Sich in und mit der Gruppe darstellen;
- Aus sich herausgehen;
- Sich ausdrücken;
- Sich einordnen, abwarten, zuhören, Rücksicht nehmen;
- Führen und folgen;
- Ideen entwickeln;
- Nachahmen.

Die allmähliche Ausweitung dieser Fähigkeiten wirkt sich positiv auf die (musikalische) Entwicklung Ihres Kindes aus.

Musikalische Früherziehung mit dem Unterrichtswerk »Klangstrasse«

In den folgenden Abschnitten lernen Sie Schwerpunkte und Besonderheiten der Konzeption *Klangstraße* kennen.

Singen

Das Singen traditioneller und neuer Lieder steht im Mittelpunkt des Unterrichts. Singen macht den Kindern Freude und entwickelt ihr Gefühl für Melodie und Rhythmus. Im Singen erleben sie Musik. Über Spiellieder kommen sie zu darstellendem Spiel und kreativem Gestalten.

Was ist »Solmisation«?

Sicher sind Sie, liebe Eltern, erstaunt, wenn Sie feststellen, dass etliche Lieder von den Kindern auf Tonsilben (do re mi ...) gesungen, d.h. »solmisiert« werden. Die Anwendung der »relativen Solmisation« in der Musikalischen Früherziehung ist eine Besonderheit dieser Konzeption, deren Bedeutung wir Ihnen kurz erläutern möchten:

Die Solmisation beeinflusst sowohl das Singen als auch das (musikalische) Gehör positiv. Die in der *Klangstraße* verwendeten Tonsilben do re mi fa so la ti unterscheiden sich in ihrem Klang erheblich und sind viel deutlicher als die Notennamen c d e ... Daher prägen sich solmisierte Melodien leicht ein. Die Kinder singen sowohl auf Text als auch auf Tonsilben, z.B. *Sonne, Sonne, scheine*: soso lala so mi. Da die Tonsilben sehr gut zu singen sind, fördern sie die Geschmeidigkeit der Stimme und das »saubere« Singen. Außerdem erleichtern die immer wieder gehörten und gesungenen Tonsilben Ihrem Kind die Wiedergabe auf einem Instrument.

Handzeichen unterstützen das Singen auf Tonsilben. Das räumliche »Greifen« führt so auch zum geistigen »Begreifen«. Abbildungen der Handzeichen finden Sie im Kinderheft in der grauen Leiste.

Rhythmussprache und Liedbegleitung

Ebenso wie die Solmisation ist die Rhythmussprache ein Hilfsmittel. Sie dient dazu, die rhythmischen Fähigkeiten zu entwickeln und den Kindern Rhythmen begreifbar zu machen. Auch das Instrumentalspiel, besonders die Instrumentalbegleitung, sowie Klatschen, Patschen, Stampfen usw. werden durch die Anwendung der Rhythmussprache erleichtert (ta titi ta hm = ♩ ♫ ♩ 𝄽).

Melodiespiel

Kinder haben auch viel Freude daran, Melodien auf Instrumenten zu spielen. Dies geschieht aber erst dann, wenn sie sich die Lieder über Singen, Darstellen usw. ganz »zu eigen« gemacht haben.

Sich zu Musik bewegen und tanzen

Dem Grundbedürfnis von Kindern, insbesondere von Vorschulkindern, nach Bewegung wird mit vielfältigen Angeboten entsprochen. Im Sichbewegen leben die Kinder ihre Emotionen aus; viele Lernprozesse sind ohne Bewegung nicht möglich.

Im Tanzen drückt sich die ursprüngliche Freude am Bewegen zu Musik aus. Aus dem Gehen im Kreis, dem Um-sich-selbst-Drehen, dem Sichwiegen oder Hüpfen entwickeln sich Tanzschritte und schließlich kleine Tanzformen, in denen sich der Aufbau eines Musikstückes widerspiegelt.

Hören von Klängen und komponierter Musik

Die *Klangstraße* bietet hierzu zahlreiche Beispiele. Die Kinder probieren Instrumente aus und lauschen ihrem eigenen Konzert. Sie hören aber auch, den Unterrichtsthemen entsprechend, komponierte Musik verschiedener Stile und Stilrichtungen – von der Lehrkraft gespielt oder vom Tonträger. Oft setzen sie nach eigenen Vorstellungen die Musik in Bewegung um.

Erwerb elementarer Kenntnisse der Musiklehre

Viele Inhalte der Musiklehre werden in diesem Unterrichtswerk gewissermaßen beiläufig einbezogen; sie ergeben sich aus dem Musizieren der Kinder. Ein Aspekt, der Sie, liebe Eltern, wahrscheinlich besonders interessiert, ist das Notenlesen und -schreiben – sind doch vielleicht für manche von Ihnen unangenehme Erfahrungen damit verknüpft, die Sie Ihrem

Kind gerne ersparen würden. Nach spielerischem Beginn benutzen wir hier in Verbindung mit relativer Solmisation und Rhythmussprache zunächst eine einfache Notation im Zweiliniensystem und eine einfache Rhythmusschrift. Zu gegebenem Zeitpunkt wird auch die traditionelle Notenschrift behutsam eingeführt. Notenlesen findet grundsätzlich erst dann statt, wenn die Kinder die einfachen Melodien sicher singen können; es handelt sich also um ein Nachvollziehen von bereits Bekanntem.

In der *Klangstraße* lernen die Kinder die traditionellen Instrumente (Tasteninstrument, Schlagwerk, Blockflöte, Geige, Harfe usw.), das kleine Schlagwerk und Stabspiele (Xylophon, Glockenspiel usw.) kennen. Der ständige Umgang mit diesem Instrumentarium ist teils geplant, teils spontan.

Braucht das Kind zu Hause ein Instrument?

Es ist positiv zu werten, wenn zu Hause ein Instrument zum Nachvollziehen und Festigen der kleinen Melodien, der Melodieabschnitte oder der Begleitung vorhanden ist. Die Anschaffung eines geeigneten Instrumentes sollten Sie mit der Lehrkraft abstimmen.

Hausaufgaben?

Es macht fast allen Kindern Spaß, eine kleine Hausaufgabe zu erledigen und das Ergebnis in der nächsten Unterrichtsstunde den anderen Kindern und der Lehrkraft stolz zu präsentieren. Die Hausaufgabe festigt das in der Stunde Gelernte und fügt es in den Alltag ein.

Wichtige Bestandteile des Unterrichtswerkes »Klangstrasse«

Kinderheft 1 und 2

Die Kinderhefte sind jeweils für ein Jahr konzipiert. Sie werden während der Unterrichtsstunden und zu Hause verwendet. Die Kinder können darin Illustrationen zu den Liedern ansehen oder ausmalen, eigene Bilder malen, Noten lesen und schreiben, sich Lieder und Gedichte vorsingen bzw. -lesen lassen usw. Die wichtigsten Inhalte sind schlagwortartig oder mit Symbolen in einer grauen Leiste zusammengefasst.

Sind Eltern im Unterricht Anwesend?

Ihre Anwesenheit, liebe Eltern, wird aus verschiedenen Gründen befürwortet:

- Sie stärkt die Sicherheit des Kindes in der fremden Umgebung;
- sie gewährt Ihnen Einblick in Unterrichtsabläufe und -inhalte;
- sie ermöglicht Ihnen, das ganzheitliche Lernen der Kinder in der Gruppe zu erfahren;
- sie motiviert durch gemeinsames Erleben und hilft, das Gelernte zu Hause in den Tagesablauf zu integrieren;
- sie stärkt das gegenseitige Vertrauen Kind – Lehrkraft – Eltern.

Notenlegetafel, Noten zum Ausschneiden und Fingerpüppchen-Bastelbogen

Die Lehrkraft stellt zu gegebener Zeit die Hausaufgabe, einen Teil der Noten auszumalen, auszuschneiden und zur nächsten Stunde in einer hübsch bemalten Schachtel mitzubringen. Bitte unterstützen Sie Ihr Kind dabei! Die Notenlegetafel kann nicht nur im Unterricht, sondern auch zu Hause eingesetzt werden. Auch die Fingerpüppchen werden bemalt, ausgeschnitten und zusammengeklebt.

Anwesenheitsheft und Klebebilder

Am Ende jeder Unterrichtsstunde freuen sich die Kinder darauf, ein Klebebild aussuchen zu dürfen und in ein Kästchen des Anwesenheitsheftes zu kleben. Hat ein Kind an einer Stunde nicht teilgenommen, wird ein Kästchen übersprungen.

Musiktasche

Eine Tasche, in der alle für den Früherziehungsunterricht benötigten Materialien aufbewahrt werden, ist sinnvoll. Die Kinder sind sehr stolz auf ihre Musiktasche. Überlassen Sie Ihrem Kind nach einiger Zeit das Einräumen und Ordnen des Tascheninhalts selbst.

Tonträger

Für das erste und zweite Unterrichtsjahr gibt es jeweils eine CD mit Liedern, Musikstücken und Tänzen.

AUSBLICK

Wir hoffen, dass Ihr Kind »auf der *Klangstraße*« gemeinsam mit den anderen Kindern seiner Gruppe und der Lehrkraft eine erlebnisreiche, fröhliche, kurzweilige, auch fordernde, jedoch nicht überfordernde Wegstrecke zurücklegt und an ihrem Ende mit Schwung in eine weiterführende Musikstraße einbiegt.

Ihr Interesse, liebe Eltern, an den musikalischen und allgemeinen Unterrichtsinhalten ist dabei sowohl in der Musikalischen Früherziehung als auch später die beste Begleitung für Ihr Kind.

Mainz · London · Berlin · Madrid · New York · Paris · Prague · Tokyo · Toronto

© 1998 SCHOTT MUSIC GmbH & Co. KG, Mainz · Printed in Germany

BSS 48743 · KAT 172-99